# LOUISE MILLER

OPÉRA EN QUATRE ACTES

PAROLES DE M. B. ALAFFRE

MUSIQUE DE

## M. G. VERDI

**Prix : 1 franc.**

MICHEL LÉVY FRÈRES, LIBRAIRES-ÉDITEURS

RUE VIVIENNE, 2 BIS

Mme Ve JONAS, LIBRAIRE DE L'OPÉRA

PARIS — 1853

# LOUISE MILLER

OPÉRA EN QUATRE ACTES

**Paroles de M. B. ALAFFRE**

Musique de **M. VERDI**

eprésenté pour la première fois à Paris sur le théâtre de l'Académie Impériale
de Musique, le 24 Janvier 1855.

PARIS

**MICHEL LÉVY FRÈRES, LIBRAIRES-ÉDITEURS**

RUE VIVIENNE, 2 BIS.

1853

# DISTRIBUTION DE LA PIECE.

MILLER, ancien soldat.................... MM. Morelli.

LE COMTE WALTER.................... Merly.

RODOLPHE, fils du comte............... Gueymard.

WURM, secrétaire et confident du comte... Défassio.

HERMANN....................... Donzel.

LOUISE, fille de Miller............... Mᵐᵉˢ Bosio.

LA DUCHESSE..................... Masson.

LAURA, jeune paysanne, amie de Louise.. Mendez.


Chœurs, Paysans, Paysannes, Soldats, Piqueurs, Écuyers, Pages, Dames de la suite de la Duchesse.


*La scène se passe **en Allemagne,** en 17...*

———

# LOUISE MILLER

## ACTE I.

Un village sur la lisière d'un bois. La maison de Miller près de l'église :
au fond, on aperçoit à travers les arbres les tours du château de
Walter.

### SCÈNE PREMIÈRE.

LAURA, Paysans *et* Paysannes.

### INTRODUCTION.

### CHOEUR.

Accours, ô Louise, avec tes compagnes ;
Avril rend la vie aux vertes campagnes ;
Dans l'humble vallée, au front des montagnes,
Tout semble renaître aux feux d'un beau jour.
    Dès l'aube, la rose
    Que le matin arrose
    Attend, fraîche éclose,
Ton doux regard d'amour.
    L'éclat qui colore
    Vos bois à l'aurore
    Plus pur brille encore
Dans ce charmant séjour.
    Viens, douce amie !
    Viens comme autrefois !
    Toi si chérie !
    Entends nos voix !

## SCÈNE II.

LES MÊMES, MILLER *et* LOUISE.

MILLER.

Voici ma fille !

LOUISE.

O mon bon père !

LAURA *et le* CHOEUR.

Le ciel vous soit prospère !

LAURA.

Au Roi des cieux
Pour elle allons offrir nos vœux !

MILLER.

Tu vois, ma fille, espoir de ma vieillesse,
Ces larmes de tendresse.
Pour moi quel jour auguste et plein d'ivresse !
Jour où naquit Louise.

LOUISE, *à part.*

Il ne vient pas !
Ah ! son absence est pour moi le trépas !...

MILLER.

Ma fille, ma Louise,
Fuyant ma douce loi,
D'un autre amour est donc éprise !
Ton pauvre père, hélas ! craint tout pour toi !
Ce jeune homme étranger, à qui ton cœur s'engage,
Cet inconnu dans le village,
Et je tremble...

LOUISE.

Mais pourquoi?
Un front si noble, un air si tendre...
Puissiez-vous l'entendre
Parlez de son amour ! A lui ma foi !

LOUISE.

AIR.

Le feu d'un seul regard d'amour
Soudain brûla mon âme.
Et la plus vive flamme
Me paya de retour.
Mes yeux avaient compris ses yeux,
Flambeau d'un saint mystère !
J'abandonnais la terre,
Et j'étais dans les cieux !

LAURA *et* LE CHOEUR, *offrant des bouquets à Louise.*

Louise, à vous ce gage
De notre hommage ;

Nos vœux et nos bouquets pour vous!
LOUISE.
Gage bien doux
Dont mon âme est charmée!
Ah!

# SCÈNE III.

LES MÊMES, RODOLPHE.

RODOLPHE, *entrant.*
Bien aimée!
MILLER, *à part.*
C'est lui!

RODOLPHE, *à part.*
Son père!
LOUISE, *à Miller.*
En mon époux
Voyez un fils qui vous aime.
RODOLPHE.
Louise! c'est toi-même
Que je vois? ô bonheur suprême!
LAURA *et* LE CHOEUR.
C'est lui qu'elle aime!
Leur joie est extrême!

ENSEMBLE. LOUISE *et* RODOLPHE.
Mon bien suprême!
Accepte mon cœur.
Il parle ici lui-même,
Il est tout au bonheur!

ALLEGRO *ensemble.*

RODOLPHE *et* LOUISE.
Ah! je ne puis te dire
Mon amoureux délire.
L'ivresse qui m'inspire
Proclame ton empire.
S'il faut que je succombe,
Je braverai la tombe!
Loin du séjour mortel,
Nos cœurs seront unis au ciel

# LOUISE MILLER.

MILLER, *à part*

Mon cœur, hélas! soupire!
La crainte le déchire !
Tourment cruel !
Effroi mortel!
Voudrait-il la séduire?...

LAURA *et* LE CHOEUR.

Un seul espoir inspire
Leur amoureux délire.
Leurs cœurs sont unis par le ciel
Et cet amour est éternel.

MILLER, *à part.*

Pitié, seigneur ! arrachez de l'abîme
L'innocente victime
D'un projet criminel!

ENSEMBLE.

RODOLPHE *et* LOUISE.

Ah! je ne puis te dire
Mon amoureux délire,
L'ivresse qui m'inspire
Proclame ton empire!
S'il faut que je succombe,
Je braverai la tombe.
Loin du séjour mortel,
Nos cœurs seront unis au ciel!
Notre amour est éternel.

MILLER.

Pitié, seigneur ! Hélas! pour moi tourment cruel !
De mon enfant ange du ciel
Détourne un opprobe éternel!

LAURA *et* LE CHOEUR.

Un seul espoir inspire
Leur amoureux délire,
Leur cœur tout bas soupire,
Et cet amour est éternel!
S'il faut que dans la tombe,
Hélas! l'un des deux tombe,

Loin que l'amour succombe,
Ils sont unis au ciel !

(On entend la cloche de l'église voisine.)

TOUS, *écoutant.*

La cloche!!!... a ce pieux appel,
Au pied de l'humble autel
Allons prier le ciel !

LOUISE *et* RODOLPHE.

Ah! je ne puis te dire
Mon amoureux délire,
L'espoir est immortel,
Nos cœurs seront unis au ciel !

MILLER, *à part.*

Mon Dieu, d'un opprobre éternel
Sauvez ma fille, ange du ciel.

LAURA *et* LE CHOEUR.

Oui, leur amour est éternel,
Ils sont unis au ciel !

Tout le monde sort, excepté Miller. Laura et le chœur entrent dans l'é-
glise. Louise, qui a pris congé de Rodolphe, rentre dans la maison,
tandis qu'il s'éloigne par le fond.


# SCÈNE IV.

## MILLER, WURM.

WURM, *à Miller qui va pour entrer dans l'église.*
Miller, écoute!

MILLER.

Wurm !

WURM.

Reste, je t'en supplie!

(A part.)

D'amour, de jalousie.
O frénésie !

(Haut.)

J'aime ta fille! Un jour, pour notre hymen,
Tu m'as promis sa main.
T'en souvient-il? bientôt la destinée

Va combler mon bonheur!
Notre nouveau Seigneur
M'accorde encore un plus brillant honneur.
Je réclame la foi donnée!

MILLER.

Qu'entends-je? un autre obtint le cœur
De ma fille... ma rigueur
Devient sans force...

WURM.

Ah! le désir d'un père
Est un pouvoir en qui j'espère!
Donne un ordre...

MILLER, *à part.*

Que dois-je faire?

WURM.

Sois mon sauveur!

MILLER.


AIR.

Saint hyménée! ô nœud sublime!
La loi repousse une victime
Dont la promesse illégitime!
A la souffrance ouvre un abime!
La tyrannie!... ah! c'est un crime!...
Et ma tendresse en a l'horreur!
   Un joug funeste,
   Que l'on déteste,
   D'un bien céleste
   Fait un malheur!
   L'enfant que j'aime.
   De Dieu lui-même
   Voit un emblème
   Dans ma bonté.
   Envers son père,
   Ma fille espère
   Un sort prospère.
Et dans son choix la liberté!
Elle suivra sa volonté.

WURM.

Eh bien!... écoute...

Tu dois trembler vraiment,
Tu paieras cher un si beau sentiment.
Un traître...

MILLER, *à part.*

Quel doute!...

WURM.

Sous un déguisement,
De ton enfant,
L'indigne amant,
Vous trompe tous...

MILLER.

Qu'entends-je!

Achève?

VURM.

Ruse étrange!...
Il est le fils de l'altier Walter !

MILLER.

Son fils! son fils ! ô rage !

WURM.

Le fils de ton seigneur, mon cher.

MILLER.

O ciel !

WURM.

Du courage!...

(Il sort.)

MILLER.

J'ai dans mon sein l'enfer !

(Miller, pendant que Wurm se retire, reste quelque temps comme absorbé dans la douleur, puis se redresse tout à coup.

# SCÈNE V.

MILLER, *seul.*

ALLEGRO.

De colère mon cœur palpite
Dans l'angoisse qui m'agite,
Ma vengeance déjà s'irrite

Contre qui touche à mon honneur !
Chère enfant, toi que j'adore,
Toi qui fais tout mon bonheur,
Mieux vaudrait te perdre encore
Que souffrir un vil suborneur !
Chère enfant, ô mon seul bonheur !
Oui, ton père en ce jour te sauvera l'honneur.

(Il sort tandis que Wurm et Walter paraissent.)

## SCÈNE VI.

LE COMTE WALTER *en costume de chasse*, WURM, PIQUEURS.

WALTER, *causant avec Wurm qui le suit.*

Qu'oses-tu dire !
Mon fils est-il donc insensé? grand Dieu !

WURM.

Seigneur, ce sentiment fatal tient du délire !

WALTER.

Dans ce lieu
J'attends la duchesse

(Aux Piqueurs.)

Passez !... qu'on nous laisse.

(Wurm et la suite s'éloignent.)

## SCÈNE VII.

LE COMTE WALTER, *seul.*

Oh ! sombre tristesse !
Le remords me poursuit sans cesse !
Pour le bonheur d'un fils j'immolai la victime !
Qu'il ignore mon crime !...

(Il se couvre le visage de ses mains.)

## SCÈNE VIII.

LE COMTE WALTER, RODOLPHE.

RODOLPHE.

Mon père!

LE COMTE WALTER.

Enfin !... que mon âme est ravie !
O doux espoir ! la duchesse à l'hymen se convie !

RODOLPHE.

Qu'entends-je?

LE COMTE.

Enfants, tous deux sous mes yeux paternels
Ce jour doit vous unir par des nœuds éternels.
L'aveu si tendre
Que je n'osais attendre,
M'a fait entendre
Qu'elle t'aimait.
Le plus bel héritage
Sera son partage ;
Comprends tout l'avantage
Que ce jour te promet !

RODOLPHE, *à part.*

C'est fait de moi !

LE COMTE.

D'un prince illustre
Elle a porté le nom !
Et donne un nouveau lustre
A mon blason.
Aux rois de Germanie
Sa famille est unie.
Pour toi mon fils, richesse, honneur !
Pour moi quelle joie infinie !

RODOLPHE.

La grandeur, la fortune, est-ce là le bonheur ?
Vain rêve !...

LE COMTE.

Est-il plus noble femme?
(A voix basse et avec colère.)
Dois-je donc lire dans ton âme ?...

RODOLPHE.

Sachez tous mes secrets

LE COMTE.

Ah!... voici la duchesse !

**RODOLPHE.**

C'est elle !

**LE COMTE.**

Vois quels célestes attraits !
Avec tendresse,
Parle, et plus de regrets !

**RODOLPHE.**

Lui dire que je l'aime !...

**LE COMTE** *impérieusement.*

Qu'on obéisse à mon pouvoir suprême !

# SCÈNE IX.

LES MÊMES, LA DUCHESSE, *suivie de* PAGES *de* DAMES
D'HONNEUR, GARDES *et* SERVITEURS.

**CHOEUR.**

Sous le feuillage
De ce bocage,
Le vert ombrage
Tous nous engage ;
Le frais zéphire,
Quand il soupire,
Aux fleurs vient dire
Son long martyre ;
Comme une étoile
Que suit la voile,
Brillez sans voile,
Reine aux doux yeux !
Fleur solitaire,
Divin mystère !
A vous sur terre
L'éclat des cieux !

**RÉCITATIF.**

**LA DUCHESSE.**

Cher comte ! quel jour d'ivresse

**LE COMTE.**

O noble dame ! O belle nièce !

Mon fils Rodolphe implore un moment d'entretien.
Je guiderai la chasse, et l'on me suivra bien !
(A Rodolphe.)
J'ordonne...
(Le comte sort, accompagné de toute la suite qui escortait la
Duchesse.)

# SCENE X.

### LA DUCHESSE, RODOLPHE.

RODOLPHE, *à part.*
Courage ! oui, je veux
Qu'elle entende tous mes aveux.
(Haut.)
Madame...

LA DUCHESSE.
Eh quoi ! ce froid langage !
Avez-vous oublié
Le lien d'ancienne amitié
Qui nous engage ?
Moi j'en garde le tendre gage.

DUO.

LA DUCHESSE.
L'éclat, la puissance,
Rien n'a pu bannir
De ma tendre enfance
Le cher souvenir :
Et la douce aurore
De nos premiers jours
Brillait pure encore
Même au sein des cours

RODOLPHE.
Sous l'aile d'un père
J'étais votre frère,
Heureux de distraire
Vos jeunes loisirs !

ENSEMBLE.

LA DUCHESSE, RODOLPHE.
Nos cœurs sans alarmes
Ignoraient les larmes,

Goûtant tous les charmes
Des mêmes plaisirs.

LA DUCHESSE.

Exempts de souffrance,
Dans l'indifférence,
La même espérance
Berçait nos désirs.

REPRISE DE L'ENSEMBLE.

Nos cœurs sans alarmes, etc.

RODOLPHE.

D'une autre pensée,
Mon âme insensée
Gémit oppressée ;
Pour moi triste sort !

LA DUCHESSE.

Rodolphe soupire ?
Il faut tout me dire.

RODOLPHE.

Pour moi quel martyre !
Funeste délire.

LA DUCHESSE.

Rodolphe !...

RODOLPHE.

J'expire,
Mon cœur se déchire !
Je cède à l'empire
D'un brûlant transport.

LA DUCHESSE.

Quel trouble !

RODOLPHE.

Ce rêve
M'assiége sans trêve,
Il faut qu'il s'achève
Ou bien c'est ma mort !

LA DUCHESSE.

Ah ! parlez donc !

RODOLPHE.

Duchesse...
Une autre promesse...

LA DUCHESSE.

Une autre!

RODOLPHE.

Pardon!

LA DUCHESSE.

Une autre! son nom!

RODOLPHE.

Jamais! non! non!
Pardon! pardon!

ALLEGRO.

RODOLPHE.

Vous voyez mon cruel tourment,
J'implore un seul regard clément.
L'aveu que fait un tendre amant,
   Pour lui demande grâce!
Avec bonheur, de votre époux
   Les rois voudraient la place.
Non, pour moi plus de courroux,
Je tombe à vos genoux!

LA DUCHESSE.

Ame insensible, en ce moment,
Tu ris de mon cruel tourment!
De t'aimer j'avais fait serment.
Mais, ingrat, n'attends plus de grâce!
Ah! l'on outrage un cœur jaloux
   Et l'honneur de ma race!...
En vain, on tombe à mes genoux...
   Redoute mon courroux!...

REPRISE DE L'ALLEGRO.

*Ensemble pour finir.*

RODOLPHE.

Je tombe à vos genoux.

LA DUCHESSE.

Redoute mon courroux.

                         **(Elle sort.)**

FIN DU PREMIER ACTE.

*Changement à vue.*

# ACTE II.

L'intérieur de la maison de Miller. Deux portes latérales ; l'une conduit
à la chambre de Louise ; l'autre à celle de son père. Des armes et un
habit de soldat sont suspendus au mur. Fenêtre au fond et près de
l'entrée.

## SCENE PREMIÈRE.

### CHOEUR, *dans la coulisse.*

Le cor nous appelle !
Dès l'aube nouvelle
Au signal fidèle,
Chasseur, viens au bois !
Poursuivons le cerf aux abois !

LOUISE, *entrant et s'approchant de la fenêtre.*

élas ! il ne vient pas ! pour mon cœur quelle peine !
Ah ! l'espérance est vaine.

### LE CHOEUR, *en dehors.*

Sonnez, bons piqueurs,
Fêtons les vainqueurs !
Sonnez, bons piqueurs !

## SCÈNE II.

LOUISE, MILLER *entre et tombe sur un siége comme accablé.*

LOUISE.

Pourquoi cette tristesse ?

MILLER.

J'avais raison ! ah ! la douleur m'oppresse !

(Se levant.)

Trahie !

LOUISE.

O ciel! comment? parlez..

MILLER.

De ta jeunesse

Il s'est raillé...

LOUISE.

Je meurs!

(Pendant ce dialogue on entend les chasseurs répéter en chœur le
refrain.)

MILLER.

Il est le fils du comte, et, j'en ai l'assurance,
Il conclut en ce jour une illustre alliance!...

LOUISE.

N'en croyez rien, cela n'est pas!

MILLER.

Puisqu'à l'autel les deux époux portent leurs pas!...

LOUISE.

Pour moi c'est le trépas!

MILLER.

Je le savais d'avance ;
Un séducteur
Abusa ton enfance ;
C'est une horrible offense!...
Malheur! malheur
A l'imposteur!!
Oui, vengeance !

## SCENE III.

Les Mêmes, RODOLPHE.

LOUISE.

O ciel!

RODOLPHE.

Louise, ne crains rien!
D'une telle imposture

Chère idole, mon âme est pure !
J'invoque ton serment et je tiendrai le mien,
Je t'aime et te le jure !...

MILLER.

Il est donc vrai !...

LOUISE, *à son père.*

L'entendez-vous ?...

RODOLPHE, *prenant Louise par la main et la conduisant près
de Miller.*

Je suis ton époux !

(Il tombe à ses pieds.)

Devant ton père et Dieu j'atteste
Que tu seras ma femme !

MILLER, *à part.*

O vœu funeste !...
Nul espoir ne me reste.
L'orgueil de Walter...

LOUISE.

Ah ! grands Dieux !

RODOLPHE.

Il est un noir secret, un forfait odieux...
En dévoilant ce meurtre... cette honte
Je pourrais à mes pieds faire tomber le comte.
On vient ici...

(Il se dirige vers la porte.)

Mon père... c'est lui !...

MILLER.

Ah ! le comte lui-même...

# SCÈNE IV.

Les Mêmes, LE COMTE WALTER.

### FINALE.

RODOLPHE.

Vous ! monseigneur ! pourquoi paraître dans ces lieux !

LE COMTE.

Braverez-vous un père furieux?
Je sais tout le mystère.
Redoutez ma juste colère !
Je déjoue un lâche complot !

RODOLPHE, MILLER *et* LOUISE.

O ciel !

RODOLPHE.

Mon père, pas un mot
Qui porte outrage à cette femme !
Non ! pas un mot !
Elle règne sur mon âme !
Pur amour et sainte flamme !

LE COMTE.

Que dis-tu ?
Amour coupable !
Une fille misérable !...

LOUISE, RODOLPHE, MILLER.

Ah !...

RODOLPHE.

Respect à sa vertu !

(Il porte la main à son épée.)

Auteur de ma vie,
Désormais je vous renie !

MILLER.

Moi que l'on couvre d'infamie,
Je fus soldat, moi ! tremble !...

LOUISE.

O ciel !

MILLER.

Mon sang glacé
Se réchauffe en mon cœur blessé !

LE COMTE.

Quelle audace !

MILLER.

Ah ! l'offenseur se place
Au rang de l'offensé !...

LE COMTE.

Traître ! vil insensé,
Crains mon courroux.

(Il appelle.)

Soldats !...

(Entre une troupe de soldats.)

LES SOLDATS, *en entrant.*

Aux armes !

LOUISE.

O terreur !

(Entre Laura accompagnée des gens du village.)


# SCENE V.

RODOLPHE, MILLER, LOUISE, LE COMTE, LAURA, SOLDATS,
PAYSANS *et* PAYSANNES.

LAURA *et* LE CŒUR DES PAYSANS.

Ce trouble... pourquoi ?

RODOLPHE, *au Comte.*

Pitié d'un fils en larmes !

LAURA *et* LE CHOEUR.

Lui ! son fils !...

LE COMTE.

Telle est ma loi...

En prison !

(Il fait signe aux soldats qui entourent Louise et Miller.)

TOUS.

Ah !...

MILLER.

Cœur sans foi !


QUINTETTE.

MILLER *à Louise.*

Les vertus et l'innocence
Valent mieux que la puissance !

Et jamais en ma présence
Ton front par ne doit plier.
Devant Dieu sois prosternée,
C'est lui seul qu'il faut prier,
Et non pas, infortunée,
              Un mortel
      Que maudit le ciel.

RODOLPHE.

Que mes pleurs et ma prière
Touchent donc le cœur d'un père !

LE COMTE.

Non, non ! c'est toi qui dois fléchir
Et t'empresser de m'obéir.

RODOLPHE.

Le serment qui nous enchaîne
      Par le ciel fut accepté.

LE COMTE.

Ma puissance est souveraine,
Tu suivras ma volonté !


## ENSEMBLE.

LOUISE, *au Comte.*

Que l'orgueil de la noblesse
Ait pitié de ma faiblesse !
A prier quand je m'abaisse,
Ah ! pourquoi tant de rigueur ?
L'innocence vous supplie,
Qu'elle touche votre cœur !

RODOLPHE, *à son père.*

Pitié de ma détresse !
Cédez à ma tendresse !
Pitié ! plus de rigueur !
En moi s'éteint la vie
L'enfer est dans mon cœur !
Ah ! c'est en vain que je supplie !
Dieu puissant, reprends ma vie,
Ou laisse-moi mon seul bonheur !
Ah ! pour nous plus d'oppresseur.

MILLER *à Louise.*

C'est Dieu seul que l'on supplie
O mon enfant chérie !

(Montrant le Comte.)

Ta voix en vain le prie,
Ne crois pas toucher son cœur !
Crains plutôt sa rigueur !
Grand Dieu, quand je vous prie,
Soyez un Dieu vengeur

LAURA *et* LE CHOEUR.

Nous prions pour une amie,
Et c'est en vain qu'elle supplie !
Monseigneur, chacun vous prie !
Plus de rigueur !
Pitié, monseigneur !
Sa douleur
Brise le cœur !
Laissez fléchir votre rigueur.
Pour un fils plus de rigueur,
Plus de rigueur !

LE COMTE, *à Rodolphe.*

Non, non, pas de faiblesse !
Fléau de ma vieillesse,
Crains ma fureur !

(A Louise.)

Vous voulez flétrir ma vie,
Je repousse le déshonneur ;
Cet amour c'est l'infamie ;
Rien ne peut fléchir ma rigueur.
C'est en vain qu'on me supplie,
Redoutez ma fureur !

LES SOLDATS.

D'un seigneur qu'en vain l'on prie
La loi doit être suivie.
Qu'on redoute sa furie
Et sa rigueur !
La volonté de monseigneur

Doit être ici toujours suivie.
Tremblez ! craignez sa rigueur !
Rien ne peut fléchir son cœur !

### STRETTE.

LE COMTE, *aux soldats*

Soldats ! qu'on les saisisse !

RODOLPHE.

Ah ! trop funeste sort !

(A son père )

L'enfer en ce moment m'inspire.
Père cruel, ta loi
Résiste à mon affreux martyre...
Tremble ! malheur à toi !

(Il se rapproche du Comte et lui parle à demi-voix.)

Moi partout je vais dire
A quel forfait tu dois ton nom
Et tes richesses.

(Il va pour sortir rapidement.)

LE COMTE, *terrifié et voulant l'arrêter*

Dieu !!! Rodolphe ! un mot ! j'expire...

(Aux soldats en montrant Louise.)

Soldats ! qu'elle soit libre !

(Il sort en courant.)

TOUS.

O ciel !... Divin pardon !...

LES SOLDATS.

Pour lui pas de pardon !...

(Louise s'échappe et rentre dans la chambre, les soldats menacent
Miller.)

FIN DU DEUXIÈME ACTE.

# ACTE III.

Une salle dans le château du Comte, et ouvrant, par des arcades, sur une terrasse qui domine les jardins. A gauche, une porte secrete; tables, etc.

## SCENE PREMIÈRE.

LOUISE, LAURE, ET LES PAYSANS.

LE CHOEUR, *entrant.*

Louise, qu'allons-nous t'apprendre!

LOUISE.

Ah ! parlez, parlez sans attendre !

LE CHOEUR.

Pourras-tu nous entendre?

LOUISE.

Quel nouveau malheur !

LE CHOEUR.

Vers le soir, quand la lune brillante
Répandait sa clarté scintillante,
Nous quittions la prairie éclatante,
Rentrant tous l'âme heureuse et contente :
Près des portes de la citadelle,
Un bruit sourd dans les ombres se mêle
Au qui vive de la sentinelle !
De soldats une horde guerrière
Entrainait un vieillard...

LOUISE.

Ciel ! mon père !

LE CHOEUR.

Hélas! oui, ton père !...

LAURE ET LE CHOEUR.

Mais un Dieu tutélaire et puissant
Dans les cieux veille sur l'innocent;
Il confond, il punit le méchant;
Sa bonté sur le faible descend!

LOUISE.

Comment sauver mon père?

LAURE.

Hélas!...

LOUISE.

J'en désespère!


## SCENE II.

LES MÊMES, WURM.

TOUS.

Wurm!...

WURM, *à Louise.*

Ah! c'est vous enfin!
(Au chœur.)
Sortez!

LOUISE, *à part.*

Mon père!...

LAURE ET LE CHOEUR, *en sortant.*

Un Dieu juste et tutélaire
Veille toujours sur l'innocent!


## SCÉNE III.

LOUISE, WURM.

WURM.

Eh bien! ton père...

LOUISE.

Achève...

WURM.

Il gémit en prison !

LOUISE.

Quel est son crime ?

WURM.

Ah ! contre lui s'élève
Un grand forfait... la trahison !...
Humble vassal, il outragea le comte.

LOUISE.

Que va-t-il arriver !... hélas !

WURM.

Justice prompte !
Pour tomber sur son front déjà le fer remonte.

LOUISE.

Malheur ! malheur !

WURM.

Sauve ses jours
Eh bien !

LOUISE.

Parle ! parle !

WURM.

Oui, tu peux venir à son secours.
C'est l'ordre du comte mon maître.
Ecris une lettre ;
Soudain ton père est libre.

LOUISE.

Et cette lettre...

WURM, *la forçant de s'approcher de la table.*

Ecris !

(Il dicte.)

« Wurm, je n'aimai jamais Rodolphe...
(Louise regarde Wurm un instant, puis baisse les yeux comme résigné
au sacrifice.)

» Quand j'appris

» Son rang et sa richesse
» Je voulus être sa maîtresse

LOUISE, *indignée, jette la plume.*

Jamais ! Jamais !

WURM.

(Il continue à dicter, Louise écrit.)

» Ton père va mourir !

(Il dicte.)

» L'ambition fit tout... c'est trop souffrir
» Pardon ! à toi mon seul amour ! viens, le temps presse.
» Pour éviter Rodolphe et pour fuir sa tendresse
» Ce soir ensemble il faut partir !

LOUISE.

O ciel !

WURM.

Ecris !

LOUISE.

Penses-tu que je signe
Cette infamie indigne !...
Plutôt mourir !

LOUISE.

AIR.

Que je sois, mon Dieu, la victime,
Si mon amour était un crime !
Au malheur
Qui m'environne,
Que ta justice m'abandonne,
Seigneur ;
Mais, à mon père au moins pardonne.
Mon sang se glace de terreur !
O douleur !
On veut ici mon déshonneur !
O Seigneur !
Si ta grâce m'abandonne,
Par ton secours,
D'un vieillard sauve au moins les jours !

WURM.

Qui donc voudrait diriger ton caprice ?
Fais à ton gré... je pars !

LOUISE.

Quoi ! ce supplice
Pour mon malheureux père?

WURM.

Ah ! tu veux qu'il périsse !

LOUISE.

Que mon sort s'accomplisse !...

(Se tordant convulsivement les mains, elle approche de la table, écrit et
donne la lettre à Wurm.)

Prends !... j'ai signé.

WURM.

Au nom de ton père
Déjà condamné,
Tu diras, j'espère,
Que c'est volontaire !

LOUISE.

Oui ! je le jure !

WURM.

Mais de toi
On attend plus encore.

LOUISE.

Eh ! quoi?

WURM.

En ce palais va venir la duchesse ;
Il faut, sans effroi
Proclamant ta tendresse,
Jurer que tu n'aimes que..... moi.

LOUISE.

Moi t'aimer !

WURM.

L'épreuve est cruelle....

LOUISE.

Mais...

# ACTE III.

**WURM.**

Parle !...

**LOUISE.**

Mais aussi...

**WURM.**

Eh bien !

**LOUISE.**

Mon père...

**WURM.**

Il est sauvé.

**LOUISE.**

Merci !

Ce cœur que ta rage déchire
Déjà mourant expire.
Sauve mon père du martyre
Qu'il cesse enfin de me maudire !
Hélas ! pour moi funeste sort !
Vienne la mort !
Ah ! que la main d'un père
Me ferme la paupière.
Hélas ! c'est mon seul vœu !
A mon heure dernière
Que je lui dise adieu !

*WURM à part.*

Le temps à sa souffrance
Peut rendre l'espérance.
Et j'en ai l'assurance
A moi sa main !
Bonheur certain !

ENSEMBLE :

**LOUISE.**

O père que j'aime,
Je veux le trépas ;
Qu'à mon heure suprême
Je meure dans tes bras.

WURM, *à part.*

Je vais sauver son père,
Elle m'appartiendra ;
Un jour, je l'espère,
Elle m'aimera.

(Wurm conduit Louise vers une porte secrète par laquelle il la fait
sortir. Puis il va au fond et fait un signe. Entre Hermann. Wurm lui
parle bas à l'oreille et lui remet la lettre écrite par Louise, puis il lui
indique de quel côté il doit porter ses pas. Hermann fait un signe
d'assentiment et s'éloigne. Wurm l'accompagne quelques pas et reste
au fond dans un coin. Le Comte paraît ; il est triste et absorbé et ne
s'aperçoit pas de la présence de Wurm.

## SCENE IV.

### LE COMTE, WURM.

LE COMTE, *à Wurm qui s'avance.*

Eh bien ?

WURM.

J'ai réussi dans ma grande entreprise

LE COMTE.

Eh quoi !... Louise...

WURM.

Le complot est tout prêt,
Pâle, tremblante, elle a craint ma menace...
A son vieux père faites grâce.
Amenée en secret
Par mon ordre elle attend.

LE COMTE.

La lettre ?

WURM.

A votre fils on vient de la remettre.
Le succès est certain ;
Mais lorsque le destin
Se montre favorable
Pourquoi rêveur...

LE COMTE.

Ah ! la douleur m'accable !
D'un fils je crains la haine !

WURM.

O fils coupable !


# SCÉNE V.

LES MÊMES, LA DUCHESSE.

LE COMTE.

C'est la duchesse.

LA DUCHESSE, *entrant.*

Comte !

LE COMTE.

Ah ! vous pouvez m'en croire, oui, mon fils désormais
Abjure un feu coupable, et qui faisait ma honte.

LA DUCHESSE.

Cet amour...

LE COMTE.

Il expire...

LA DUCHESSE.

On vous trompe.

LE COMTE.

Jamais.

Non, non, jamais Louise
De Rodolphe ne fut éprise
Elle en aime un autre !

LA DUCHESSE.

O surprise!
Qui peut me l'attester...

LE COMTE.

Elle-même!

LA DUCHESSE.

Grand Dieu !

LE COMTE.

Vous l'entendrez, là, dans ce lieu.

LA DUCHESSE.

O ciel !

LE COMTE, *à part.*

De la prudence !

(La Duchesse s'assied, cherchant à se remettre. Le Comte ouvre une
porte secrète par laquelle Wurm introduit Louise.)


# SCÉNE VI.

LE COMTE, LA DUCHESSE, LOUISE, WURM.


QUATUOR.

LE COMTE.

La duchesse en sa présence
Vous appelle, Louise.

LA DUCHESSE, *à Louise.*

Avance.

WURM, *bas à Louise.*

Songe bien à l'existence
De ton père...

LOUISE, *à part.*

Jour de terreur !

LA DUCHESSE, *à part.*

Doux regard, air d'innocence,
Tout en elle peint la candeur!

LOUISE, *à part.*

L'espérance qui fait ma vie
Par une autre, hélas ! m'est ravie !

LA DUCHESSE, *à part.*

Cet instant me rend la vie.

(Haut à Louise.)

N'oses-tu lever les yeux ?
Pourquoi baisser ce beau visage ?

LE COMTE.

Humble fille du village...

WURM.

Près d'un noble personnage.

LOUISE, *à part.*

Je vois autour de moi se tendre un piége affreux.

LA DUCHESSE, *se levant et s'approchant de Louise.*

Louise, écoute !
Que ta voix dissipe un doute
    Ténébreux,
    Et qui me ronge.
Tu craindrais un vil mensonge

LOUISE, *à part.*

Dans mon sein le fer se plonge.

LA DUCHESSE, *prenant Louise par la main et la regardant
en face.*

Aimes-tu ?

LOUISE, *à part.*

Douleur extrême.

LA DUCHESSE.

Aimes-tu ?

LOUISE.

J'aime...

LA DUCHESSE.

Et qui donc ?

LOUISE, *après avoir hésité, faisant un effort et montrant
Wurm.*

Lui ! lui-même !

LA DUCHESSE.

Mais Rodolphe !...

LOUISE.

Parmi nous,
Sans le connaître,
Mes yeux surpris l'ont vu paraitre.

LA DUCHESSE.

De son amour l'aveu si doux
N'essaya pas de te séduire ?

LOUISE, *à part.*

O supplice !

LA DUCHESSE.

Eh bien !...

LOUISE.

Non ! jamais.

LA DUCHESSE, *à part.*

Ah ! dans mon cœur l'espoir vient luire !

LOUISE, *à part, montrant la Duchesse avec jalousie.*
Heureuse !

LA DUCHESSE.

Parle donc; tu dois ici tout dire.
Sois sincère ! oui, tu l'aimais...
La pâleur de ses traits...

LOUISE, *à part.*

Que faire ?..,

LE COMTE, *à part.*

Elle hésite!...

LA DUCHESSE.

Parle!

LOUISE.

Je tremble !...

LA DUCHESSE.

A tout révéler je t'invite !
Tes secrets, dis-les bien vite.

LOUISE.

Je...

LA DUCHESSE.

Poursuis...

LE COMTE, *à part à Louise.*

Pense aux jours de ton vieux père.

LOUISE, *à part.*

Oh ! mon père !

(Les yeux du comte et de Wurm sont fixés sur Louise.)

WURM.

Allons ! et sois sincère !

LA DUCHESSE.

Eh bien !

LOUISE.

Mon cœur parlera sans détour.

(Montrant Wurm.)

En lui seul mon âme espère,
Seul il a tout mon amour.

(A part.)

D'horreur je suis saisie !
Cruelle jalousie !

ENSEMBLE.

LA DUCHESSE.

Pour mon amour plus d'effroi,
En mon cœur l'espoir rayonne.

LOUISE.

Le ciel qui m'abandonne
N'a pas pitié de moi.

LE COMTE, *à Wurm.*

Pour nos desseins, non, plus d'effroi !
L'espoir enfin rayonne.

### LOUISE.

La force m'abandonne !
Mon cœur frissonne !
C'est fait de moi,
Hélas ! hélas ! mortel effroi !
Mon père, il faut mourir pour toi.

### LA DUCHESSE.

Au sort je m'abandonne,
Enfin l'espoir rayonne,
Non, plus d'effroi !
Mon cœur bat du plus doux émoi,
Toi que j'aime, je veux te soumettre à ma loi !
Ah ! quel beau jour pour moi!

### LE COMTE *et* WURM.

Notre œuvre se couronne,
En moi l'espoir rayonne,
Son cœur se donne.
Oui, pour sauver son père, elle cède à ma loi ;
Mes vœux sont exaucés, plus de frayeur pour moi !
Heureux destin, non, plus d'effroi !

### WURM.

Heureux destin, j'aurai sa foi,
Un jour son cœur devra n'aimer que moi.
Elle est à moi.

(Le Comte et la Duchesse sortent à droite, Wurm et Louise par la
gauche.)


# SCÈNE VII.


### RODOLPHE, HERMANN.

RODODPHE, *tenant à la main la lettre de Louise, entre suivi
d'Hermann.*

Donc cette lettre ?...

### HERMANN.

Elle est bien de Louise.

RODOLPHE.

En croirai-je mes yeux !

HERMANN.

Tout à l'heure en secret d'un air mystérieux
Elle me l'a donnée...

RODOLPHE.

Et pour être remise...

HERMANN.

Seigneur, je vous l'ai dit,
A Wurm lui-même, et dès que je l'eus prise,
Je voulus que par moi vous en fussiez instruit.

RODOLPHE.

Bien !...

(Hermann sort.)

(Rodolphe faisant un signe.)
Holà !

(Un valet paraît.)

Wurm !...
(Le valet sort en saluant.)
Tant de noirceur dans l'âme ?
Ah ! c'est infâme.
O ciel et terre ! Dieu puissant ! éternité !
Je ne puis croire encore à tant d'indignité !
Louise, innocente et si pure,
Elle, parjure ?
Horrible lettre ! oui, c'est sa main !
Quelle âme traîtresse et perfide !
Monstre ! l'enfer te guide !
Ma souffrance, nos serments.
Cet amour... vain songe !
Vaine promesse ! ah ! mensonge, mensonge !


## CAVATINE.

Lorsque rêveur au fond des bois,
Le soir j'allais t'attendre,
Ta voix mêlait avec ma voix
Un chant d'amour plaintif et tendre
Ta blanche main que je pressais
Pressait ma main sans crainte.
De mon bonheur tu vis l'excès

Dans cette douce étreinte,
Et tu me trahissais.

Lorsque j'étais à ses genoux,
    Ivresse au ciel ravie !
Qu'elle disait ces mots si doux :
    T'aimer, c'est là ma vie.
Le monde alors disparaissait,
    J'abandonnais la terre,
    L'Eden m'éblouissait...
    Pour moi, divin mystère !
    Elle me trahissait !
Lorsque sa voix au ciel ravie
Disait : Je t'aime et pour la vie.
Ce cœur perfide, hélas ! me trahissait.

## SCÈNE VIII.

### RODOLPHE, WURM.

WURM.

Vous m'appelez ?

RODOLPHE.

    Approche et lis !...

(Il lui tend la lettre de Louise.)

Pour l'un de nous la mort s'apprête.

WURM.

Quoi !...

RODOLPHE, *lui présentant deux pistolets en lui arrachant la
lettre.*

    Ça ! choisis !

Toi-même.

WURM, *reculant effrayé et voulant fuir.*

Seigneur !...

RODOLPHE.

    Arrête !...

(Il lui met dans la main un pistolet.)

Si tu refuses, traître, oui ! c'en est fait de toi !
Je te tue.

(Il arme son pistolet.)

WURM, *fait quelques pas vers le fond et tire en l'air.*

Au secours ! à moi !...

# SCÈNE IX.

Les Mêmes, *des Soldats et des Serviteurs entrent en foule.*
*ARM disparaît au milieu d'eux. Puis* LE COMTE.

LE CHŒUR, *en rentrant.*

Alerte ! courons tous.

RODOLPHE.

Le lâche ! il fuit, l'infâme !

LE CHOEUR, *à part.*

La rage l'enflamme !
Pourquoi ? pourquoi ?

RODOLPHE.

Ah ! plaignez-moi ! l'ingrate m'a trahi.

LE COMTE.

Trahi !...

RODOLPHE.

O mort, ma voix t'appelle !

LE COMTE.

Non, venge-toi !

RODOLPHE.

Sur qui ?...

LE COMTE.

Pour une autre ton cœur, et ton mépris pour elle !

RODOLPHE.

Que dites-vous ?

LE COMTE.

Aux pieds des saints autels
Emmène la duchesse.

RODOLPHE.

Moi ! moi ! tourments mortels !
Grand Dieu ! que faire ! ah ! la douleur m'oppresse ! .

LE COMTE.

Rodolphe, du courage !

RODOLPHE.

Elle que j'adorais !...

LE COMTE.

Plus de regrets.
Déjà pour toi les feux d'hymen sont prêts.

RODOLPHE.

O détresse,
O trahison! ô crime affreux!
Non, je ne puis plus vivre.
Malheur sur moi! malheur sur eux!
Oui, la fureur m'enivre.
Tout est funèbre dans ces lieux...
Le froid linceul déjà couvre mes yeux.
Je vois s'ouvrir l'enfer et se fermer les cieux!.

LE COMTE.

Méprise-la, l'ingrate,
L'oubli punit de tels forfaits;
Que ta vengeance éclate,
Non, non, plus de regrets!
De ton hymen vois les apprêts!

(Reprise du solo de Rodolphe.)

LE COMTE, *accompagnant.*

Un sort plus beau vient s'offrir à tes yeux,
O mon fils, sois heureux,
C'est le bonheur des cieux.

LE CHOEUR, *accompagnant.*

Un plus beau jour vient s'offrir à vos yeux,
Soyez heureux,
C'est le bonheur des cieux!


FIN DU TROISIÈME ACTE.

# ACTE IV.

La chambre de Louise. La fenêtre est ouverte, on aperçoit l'église illu-
minée à l'intérieur. Louise écrit près d'une table, sur laquelle sont
deux flambeaux. Du côté gauche, Laure et quelques passants contem-
plent Louise avec tristesse.

## SCÈNE PREMIÈRE.

LOUISE, LAURA, CHOEUR DE PAYSANNES.

LAURA *et* LE CHOEUR.

Plaignons l'infortunée,
Cette triste journée
A d'un mortel affront
Flétri son noble front !
Tel qu'un lys sur sa branche
Qui ploie au gré du vent,
Ce chaste front se penche
Et s'incline en rêvant.

LAURA, *à Louise.*

O tendre amie, achevons la veillée,
Et prends place au repas du soir.

LOUISE.

Non ! non !

LAURA.

Parmi nous viens t'asseoir,
Viens, ô Louise !

LOUISE.

Ah ! mon âme est troublée !
Et j'ai perdu tout espoir !
Ma froide lèvre éloigne les calices
De la vie ici-bas. Des célestes délices
Je n'attends que l'ivresse.

(Elle tourne par hasard les yeux du côté de l'église.)

Dites-moi !
Des cierges dans l'église à cette heure ! et pourquoi ?

(Les paysannes se regardent entre elles.)

Dites, qui vous arrête ?....

LE CHOEUR.

Nous l'ignorons !

LAURA, hésitant.

Ces flambeaux, ces fleurons...
Du noble comte on célèbre la fête !...

(A part.)

Ah ! cachons-lui bien tous
Cet hymen qui s'apprête
Et le nom des époux.
Cette épreuve est pour elle
Trop cruelle.

(Reprise des quatre vers du chœur.)

Tel qu'un lys sur sa branche
Qui ploie au gré du vent,
Son chaste front se penche
Et s'incline en rêvant.

(Miller entre, Louise l'embrasse.)

MILLER.

Louise ! chère fille !!!

LAURA.

Ne troublons pas
Ces tendres ébats.
Que Dieu soit seul témoin d'un bonheur de famille,
Portons ailleurs nos pas.

(Laura et les paysannes sortent sans bruit.)

# SCÈNE II.

## MILLER, LOUISE.

MILLER.

Des sanglots et des larmes !

LOUISE.

Non, le calme règne en mon cœur.

MILLER.

Ton sacrifice, nos alarmes
Fléchirent leur rigueur!...
Wurm m'apprit tout le mystère :
Ma liberté t'a coûté le bonheur.

LOUISE.

Il est vrai ?... (*A part.*) Sur la terre...

MILLER, *à part.*

Quel funeste présage
Dans la pâleur qui couvre son visage !

(Louise pendant ce temps a plié la lettre qu'elle écrivait et elle revient
près de son père.)

Mais cette lettre?

LOUISE.

Jurez de la remettre,
Mon père, vous-même,
A celui que j'aime.

(Miller regarde très-ému sa fille, puis il ouvre la lettre et la lit.)

« Une trame barbare,
» Rodolphe, nous sépare.
» Non, Wurm jamais n'eut mon amour.

(Il regarde sa fille, puis continue à lire.)

» Il est un monde
» Où nous pourrons tous deux goûter la paix profonde.
» Je vais t'attendre. — A l'heure de minuit,
» Caché dans l'ombre, viens sans bruit!...
» Mon cœur frémit !... »
Ah ! je succombe !...
Fuir ensemble? ô malheur, cet asile est...

LOUISE.

La tombe !

(Miller fait un mouvement de désespoir.)

Pourquoi cette couleur extrême?

MILLER.

Ah! sur ma tête est l'anathème !

## DUO.

### LOUISE.

Comme un lit de fleurs
Je vois la tombe où sur la rose
Le cœur repose.
Là jamais de douleurs,
Jamais d'alarme ou de souffrance ;
Mais l'espérance.
Du fidèle amour
Et de l'innocence
La tombe est un jour
Le calme séjour.
Ange mystérieux
M'ouvrant déjà les cieux,
La mort est là... je la voi !...
C'est le bonheur pour moi !

### MILLER.

Mon sang se glace et je frissonne :
Ton cœur m'abhorre et m'abandonne ;
Au suicide, enfant, nul ne pardonne !!...

### LOUISE.

L'amour l'ordonne !
Je suis sa loi !

Miller s'éloigne désolé et tombe accablé sur un siège. Il verse des larmes, puis prenant la main de sa fille, il lui dit d'une voix étouffée.

### MILLER.

Contemple ces rides.
Mes cheveux blancs
Et mes yeux arides
De pleurs avides,
Les bras tremblants,
Ton père te prie :
Vois ses malheurs au déclin de la vie !
O ma Louise ! il te supplie
De le soustraire au désespoir !
Ou dans la tombe, enfant chérie,
Tu vas bientôt le voir !

LOUISE.

Non, je n'ai plus d'espoir.

MILLER.

O peine amère !
Ton pauvre père
Est las de tant souffrir.
Il va mourir.
Oui, tu me fais mourir !

LOUISE.

Non non ! il faut que je t'embrasse :
Tes larmes vont tarir ;
Que tout s'efface !
Mon père écoute... grâce !...

MILLER.

Ma fille !

LOUISE.

Grâce pour moi :
Je vis pour toi.

(Elle déchire la lettre.)

MILLER.

Enfin ! enfin !

LOUISE.

Oui, pour t'aimer je saurai vivre.
Mourir ainsi ! non ! non.
D'espoir mon cœur s'enivre !

MILLER.

Ah ! tu vivras !

LOUISE.

Pardon ! pardon !
A tes pieds je t'implore !

MILLER.

Dans mes bras viens encore.

LOUISE.

Grâce !

MILLER.

Ange !

LOUISE.

Hélas !

MILLER.

Viens sur mon cœur ,
O toi tout mon bonheur !

LOUISE.

Oui, sur ton cœur :
C'est le bonheur !

ENSEMBLE.

Ah! d'un bien si doux
Les plus heureux seraient jaloux :
Le ciel s'ouvre pour nous!

LOUISE.

Eh bien! partons !... ici les périls, les disgrâces...

MILLER.

Cachons nos traces !

LOUISE.

Mais livrons-nous au doux sommeil
Jusqu'au lever du soleil.
Non plus de chaîne !
Nous partirons
Dès l'aube prochaine :

MILLER.

Oui, nous fuirons ! !

(Il se rapproche de sa chambre, puis revient sur ses pas, et embrasse de
nouveau sa fille.)

MILLER.

Allons chercher tous deux bien loin
Un autre asile, un peu de pain ;
Le ciel conduit le pèlerin
Quand pour sa fille il tend la main.

LOUISE.

Allons chercher tous deux bien loin
Un autre asile, un peu de pain ;
Le ciel me guide en mon chemin
Quand pour toi je tendrai la main ! ! !

MILLER.

Le vieux soldat espère ;
En proie à la misère,

Ton amour, fille chère.
Du moins le consolera.

### ENSEMBLE.

LOUISE.

Auprès d'un tendre père
Le sort m'enchaînera ;
Le ciel nous bénira.

MILLER.

O ma fille si chère !
Le ciel te bénira.

LOUISE *et* MILLER.

La nuit est sombre.
Nous attendrons :
Cachés dans l'ombre
Seuls nous vivrons.

*Reprise, ensemble, des quatre vers.*

Allons chercher, etc.

*Pour finir.*

La pâle aurore
Est près d'éclore :
Il faut partir
Et nous enfuir,
Il faut partir.

(Miller entre dans la chambre.)


# SCÈNE III.

LOUISE, *seule ; elle commence à se déshabiller de ses habits
lorsqu'elle entend le son de l'orgue retentir dans l'église.*

### PRIÈRE.

Prions encore un jour,
Seigneur. prends ma défense.
Adieu, divin séjour
Où mon enfance
Sans nulle offense
A connu l'amour !

Louise, demain,
Sera bien loin !

(Elle s'agenouille : pendant qu'elle est absorbée dans la prière, un homme
enveloppé d'un long manteau s'est arrêté sur le seuil de la porte.
Un serviteur le suit.)


# SCÈNE IV.

### LOUISE, RODOLPHE.

RODOLPHE, *au serviteur.*

Cours au palais, dis au comte, mon père,
Que je l'attends. Il viendra, je l'espère.

(Il ferme les verrous de la porte. A part, s'avançant un peu.)

Prie ! il en est temps... peut-être !...

(Il tire de son sein un flacon et le vide dans une coupe qui est sur la
table. Louise se lève, elle tressaille à la vue de Rodolphe.)

RODOLPHE, *à Louise, en lui montrant la lettre écrite à Wurm.*

Es-tu l'auteur de cette lettre ?

LOUISE, *avec effort et d'une voix mourante.*

Oui ! ! !

RODOLPHE, *tombant accablé sur un siége.*

Mon sang bouillonne... la fièvre...
La soif horrible brûle ma lèvre.

(Louise prend la coupe où Rodolphe a versé le poison et la lui pré-
sente.)

RODOLPHE, *après avoir bu.*

Dans cette coupe amère....

LOUISE.

Amère ?

RODOLPHE.

Bois aussi !

(Louise boit, Rodolphe frémit.)

Tout est fini !

LOUISE.

Quoi !....

RODOLPHE.

Prends donc la fuite !
Par mon rival tu fus séduite !
Une autre aussi m'attend...
Je l'accepte pour ma femme.

LOUISE.

Qu'entends-je, une autre !

RODOLPHE.

En vain on nous réclame.

(Il parcourt la scène à grands pas, jette son manteau et son épée.)

Arrière, épée, ô toi par qui j'ai fait serment
De venger l'innocent !

LOUISE.

Dieu tout-puissant,
Quel trouble !

RODOLPHE.

Hélas ! la mort glace mon sang.

LOUISE, *voulant de nouveau lui offrir la coupe.*
Que ce breuvage apaise encor ta lèvre aride.

RODOLPHE.

La coupe est vide.

(Il la jette.)

Tremble donc, cœur perfide !

LOUISE.

Rodolphe, y songes-tu !
C'est toi, toi qui me fais outrage !

RODOLPHE.

Ah ! ton langage
Insulte à la vertu !...
Ces traits où le ciel se révèle
Sont ceux d'une infidèle.
O toi
Divin auteur de la nature,
Pourquoi
Parer d'une beauté si pure
Le front de l'imposture ?

LOUISE.

Mon Dieu, que dire ?

RODOLPHE.

Arrière ! à l'heure où je sens que j'expire,
Ayez pitié de mon martyre !...
La mort est là qui me déchire.

LOUISE.

De mes yeux vois couler mes larmes,
L'innocent n'a pas d'autres armes.
   Pleure, pleure ainsi que moi.
   Dans ce moment pour toi
   Les pleurs auront des charmes.

RODOLPHE.

Accablé par tant de malheurs,
Je prie en vain un Dieu sévère !
   Plus d'espoir dans ma misère !
   Plus de trêve à mes douleurs !
   A l'angoisse je succombe,
   Sous mes pas je vois la tombe...
   Sur l'abîme où seul je tombe
Nul ne viendra verser des pleurs.

LOUISE.

   Auprès de toi je meurs,
   O Seigneur, je vous implore !
   A mes vœux cédez encore.
   Sauvez-le, lui que j'adore !
   Que j'obtienne son pardon.

RODOLPHE.

   Dieu me laisse à l'abandon !
   Pour mes maux pas de pardon !
   Jour maudit ! funeste don !
   Dieu me laisse à l'abandon !
   C'en est fait, plus d'espérance
   Je succombe à ma souffrance !

LOUISE.

   Hélas ! plus d'espérance.

(L'horloge du château voisin sonne minuit. Rodolphe prend Louise par
la main.)

RODOLPHE.

Femme ! entends-tu sonner le glas des morts ?

LOUISA.

Des morts?

ROBOLPHE.

Oui, c'est l'instant de faire pénitence,
L'instant du remords !
Wurm ! l'aimes-tu.

LOUISE, *à part*.

Cruels efforts !

RODOLPHE.

Malheur sur le mensonge !
Vois ces flambeaux et songe
Qu'avant qu'ils soient éteints nous serons devant Dieu.

LOUISE.

Ciel ! que dis-tu ? Rodolphe.

RODOLPHE.

O monde ! adieu !...

(Tous deux.)

Nous avons bu la mort...

(Il montre la coupe, Louise est sur le point de tomber, il la place sur
une chaise.)

(La soutenant.)

Viens, Louise !
Mon cœur se brise !

LOUISE, *se relevant comme frappée d'une idée subite*.

Qu'as-tu dit? quoi ! la mort?
Ah ! je bénis mon sort !
Je puis parler sans feinte
Et sans contrainte,
J'en fais serment, je meurs innocente !...

RODOLPHE, *terrifié*.

Grand Dieu!...

LOUISE.

Sans crime enfin j'en fais l'aveu !
L'aveu sincère.
Mon pauvre père...
Emprisonné perdu...

RODOLPHE.

Ton père...

LOUISE.

Hélas ! j'ai vu
Sur son front noble suspendu
Briller le glaive.
Ce n'est pas tout.

RODOLPHE.

Achève !

LOUISE.

Wurm m'a forcée... alors j'ai fait la lettre.

RODOLPHE, *désespéré.*

Enfer !

Et je t'immole.

LOUISE.

Amant si cher !

RODOLPHE.

Enfer ! enfer !

## ALLEGRO AGITATO.

RODOLPHE.

Ah ! soit maudit le jour qui m'a vu naître !
Maudit l'amour que tu m'as fais connaître !
O jour d'horreur
Anathème !
Sur moi-même
Des cieux j'appelle la fureur.

LOUISE.

Si jamais je te fus chère,
Par les mânes de ma mère
Garde-toi
D'un tel blasphème ! écoute-moi !
Anathème !
En ce jour d'horreur,
Du ciel même
Crains la fureur.

ENSEMBLE.

*(Reprise de l'allegro qui précède.)*

Jour d'horreur
Et de fureur.

## SCÈNE V.

### Les Mêmes, MILLER.

MILLER.

Quel cri funèbre ! O ciel Rodolphe !

RODOLPHE.

Oui, c'est moi-même,

L'assassin de celle que j'aime.

MILLER.

Horrible !... horrible !...

LOUISE.

Hélas !

MILLER.

Louise !

RODOLPHE.

Oui, le trépas
Pour nous s'apprête.

LOUISE.

Rodolphe... arrête.

(D'une voix entrecoupée.)

Dans tous mes sens
C'est la mort, je le sens.

MILLER.

O ma Louise !

Ma fille.

RODOLPHE.

Mon cœur se brise.

Il montre à Miller la coupe vide.)

Oui, c'en est fait !

MILLER, *s'élançant vers sa fille qui tombe dans ses bras.*

Morte !... ô forfait !...

LOUISE.

Pour moi, mon père,
C'est l'heure dernière.
Que j'expire par toi bénie.
Je t'en supplie.
Ta main... Rodolphe ! ô nuit plus sombre !

Pourquoi cette ombre
Devant mes yeux?...
Je ne vois plus la lumière des cieux!
Ta main, Rodolphe... oui, tout est sombre
Devant mes yeux.

ENSEMBLE.

MILLER.

Mon enfant, toi ma seule idole,
Il n'est plus rien qui me console,
Vois ton père qui se désole.
Il faut te perdre, ô désespoir!
Ne plus te voir,
O désespoir!

RODOLPHE.

O mon idole!
Toi que j'immole.
Une parole
Qui me console!
Mourons ensemble, ô mon idole!

LOUISE.

Pardon, mon père.
En vous j'espère.
Tout s'obscurcit! mortel effroi!
Je ne vois plus... c'est fait de moi!...

ENSEMBLE.

LOUISE, *à Rodolphe*.

A toi, mon âme!

RODOLPHE.

Tu meurs, chère âme!

LOUISE.

O sainte flamme!

RODOLPHE.

Sublime femme!

LOUISE *et* RODOLPHE.

A toi sur terre et dans le ciel.

MILLER.

Ange mortel,
Retourne au ciel!

(Louise expire.)

## SCÈNE VI ET DERNIÈRE.

LES MÊMES, *puis* LE COMTE *et* WURM.

LE CHŒUR, *en dehors.*
Quel sourd gémissement!...
Forçons la porte...
Morte!...

(On enfonce la porte à coups redoublés.)

LE COMTE, *entrant et voyant le cadavre de Louise.*
Morte!

LE CHŒUR, *entourant Miller qui se jette sur le corps de*
*Louise inanimée.*
O Dieu clément!

RODOLPHE, *au Comte.*
Votre rigueur a fait son crime!
De vous, je meurs victime!

(Il tombe mort à côté de Louise. Le Comte pousse un cri d'horreur.)

FIN.

———

La musique de l'opéra LOUISE MILLER, de Verdi, en français et en italien, est la propriété du Bureau central de Musique, 8, rue Favart, éditeur des opéras de G. Verdi.

———

Paris. — Typ. de Vᵉ Doudey-Dupré, rue Saint-Louis, 46, au Marais.

www.ingramcontent.com/pod-product-compliance
Lightning Source LLC
LaVergne TN
LVHW021817170726
843503LV00007B/3220